JOHN M. DRESCHER

WENN ICH NOCH EINMAL ANFANGEN KÖNNTE ...

JOHN M. DRESCHER

WENN ICH NOCH EINMAL ANFANGEN KÖNNTE ...

WAS ICH ALS VATER HEUTE ANDERS MACHEN WÜRDE

Titel der amerikanischen Originalausgabe: *If I Were Starting My Family Again. Gentle advice for modern parents* © 1994 by Good Books, Intercourse, Pennsylvania/USA

Die Deutsche Bibliothek verzeichnet diese Publikation in der Deutschen Nationalbibliografie; detaillierte bibliografische Daten sind im Internet über http://dnb.ddb.de abrufbar

Übersetzung aus dem Amerikanischen: Lilli Schmidt

Umschlaggestaltung: Thomas Schneider, Düsseldorf
Illustrationen: Thomas Vogler, Heuchelheim
Satz: David Neufeld, Regensburg
Herstellung: Clausen & Bosse, Leck

ISBN 3-937896-11-2, Bestell-Nummer 588 611

www.neufeld-verlag.de

INHALT

EIN LIEDERGEDICHT VON ROLF ZUCKOWSKI

Gepäck fürs Leben

Ich möchte einen Baum in dir pflanzen,
einen Baum, der Hoffnung heißt,
der wachsen will, hinauf ins Licht,
und den so leicht kein Sturm zerbricht.

Lesen lernen, rechnen, schreiben,
nicht vergessen, Sport zu treiben,
Flötenunterricht, du hast manche Pflicht.
Komm, ich will dir noch was geben,
mehr als nur Gepäck fürs Leben.

Ich möchte einen Baum in dir pflanzen,
einen Baum, der Liebe heißt,
der tief in dir noch Wurzeln schlägt
und immer neue Früchte trägt.

Ins Museum mit dir fahren
und für später etwas sparen,
man versucht so viel,

doch wer kennt dein Ziel?
Komm, ich will dir noch was geben,
mehr als nur Gepäck fürs Leben.

Ich möchte einen Baum in dir pflanzen,
einen Baum, der Frieden heißt,
mit einem Stamm aus Selbstvertrauen
und Kraft genug, darauf zu bauen.

Ich widme mein Liedergedicht diesem mutigen kleinen Buch, in dem viel Größe und Herzenskraft schlummern, die es zu entdecken gibt – nicht irgendwann, sondern jetzt.

Rolf Zuckowski, Hamburg, im Juni 2004

EIN WORT ZUM ANFANG

„Was sind Ihre Erfahrungen? Können Sie mir vielleicht einen Rat geben? Was mache ich nur falsch? Meine Kinder sind ja noch klein. Wenn Ihre Kinder noch einmal klein wären, was würden Sie tun?“

Die Worte sprudelten förmlich aus dem besorgten Vater heraus, der mir direkt gegenübersaß. Hilfesuchend sah er mich an. Er durchlebte gerade die schreckliche und niederschmetternde Erfahrung, dass er als Vater mit seinem Kind nicht mehr zurechtkommt. Dabei entstand in ihm das Gefühl, versagt zu haben.

Die Fragen dieses Vaters ließen mich nicht mehr los. Auch wenn es nicht jeder so direkt zugibt wie er – seine Probleme sind kein Einzelfall. Alle Väter und Mütter, denen die Erziehung ihrer Kinder am Herzen liegt, sehen sich mit solchen oder ähnlichen Fragen konfrontiert. Was habe ich aus meinen Erfahrungen gelernt? Was habe ich aus den vielen Gesprächen und Begegnungen während meiner Beratungstätigkeit gelernt? Welche Einsichten habe ich daraus gewonnen? Und wo würde ich Schwerpunkte setzen, wenn meine Kinder noch klein wären?

Um die Fragen dieses jungen Vaters, der mir so aufgelöst gegenübersaß, zu beantworten, habe ich meine Gedanken zu Papier gebracht. Immer wenn mir noch etwas dazu einfiel, habe ich hin und wieder einen Gedanken oder einen Absatz hinzugefügt. Dabei erhebt das, was ich geschrieben habe, weder den Anspruch, etwas völlig Neues noch etwas Außergewöhnliches zu sein. Man kann es sich auch sehr einfach merken und umsetzen.

Ich schreibe als ein Vater; denn vieles von dem, was ich hier weitergebe, habe ich selbst erlebt. Dabei hoffe ich, dass die Mütter unter meinen Lesern dies nicht als eine Einschränkung empfinden, sondern ebenfalls ein paar brauchbare Ideen darin finden! Mein Wunsch ist es, dass meine Gedanken Vätern wie Müttern eine Hilfe sein können.

Ich bin davon überzeugt, dass meine im Grunde einfachen Vorschläge dazu beitragen können, die Beziehung zu unseren Kindern zu verbessern. Sie helfen möglicherweise besser, die Zukunft unserer Kinder positiv zu gestalten, als manche aufwendigen Konzepte, die viel Zeit und einen großen Aufwand erfordern. Es sind Grundsätze und Gedanken, die Gott so einfach gestaltet hat, dass jeder in der Lage ist, sie in seiner Familie anzuwenden.

Was ich Ihnen mit diesem Buch weitergebe, sind Empfehlungen und Tipps, von denen ich wünschte, ich hätte sie selbst besser angewendet, als ich eine Familie gründete. Es sind aber auch Ziele, die ich gerne selbst noch erreichen möchte. Wenn das, was ich hier geschrieben habe, für junge Eltern eine Bereicherung und Hilfe für ihr Familienleben wird und denen, die schon lange in einer Familie leben, neue Denkanstöße vermittelt, hat dieses Buch seinen Zweck erfüllt.

John M. Drescher, Pennsylvania/USA

1 ICH WÜRDE MEINE FRAU MEHR LIEBEN

Wenn ich heute eine Familie gründen würde, würde ich die Mutter meiner Kinder mehr lieben. Das bedeutet auch: Ich würde meine Liebe zu ihr vor meinen Kindern deutlicher zum Ausdruck bringen. Es kommt in den besten Familien vor, dass man im täglichen Miteinander die Liebe als etwas Selbstverständliches hinnimmt. Damit geht man aber das Risiko ein, dass sich Langeweile in die Beziehung einschleicht, die selbst die brennendste Liebe zum Verlöschen bringt.

Nach dem Ende eines Vortrags über das Thema „Beziehungen in der Familie“, den ich vor einer größeren Gruppe von Eltern gehalten hatte, sagte ein Vater zu mir: „Wenn ich Sie richtig verstanden habe, haben Sie gerade gesagt, das Beste, was ich für meine Kinder tun kann, ist, meine Frau zu lieben! Ist das richtig?“

„Genau!“ entgegnete ich. „Und das Beste, was eine Mutter für ihre Kinder tun kann, ist, ihren Mann zu lieben!“

Wenn ein Kind spürt, dass seine Eltern sich wirklich lieben, gewinnt es eine innere Sicherheit, Stabilität und eine Hochachtung vor dem Leben, die es in dieser Form nirgendwo anders bekommen würde. Dieses Kind wird darüber hinaus eine Freude an Beziehungen entwickeln, die in diesem Maße auf keinem anderen Weg möglich ist.

Einem Kind, das merkt, dass Vater und Mutter sich liebhaben, braucht man keine langen Vorträge über die Liebe Gottes zu halten oder über die Freude an der Sexualität. Wenn Vater und Mutter sich liebevoll anlächeln, lächelt auch das Kind und trägt dieses Lächeln in seine kleine Welt. Die Liebe zwischen Vater und Mutter fließt ungehindert zu ihrem Kind und befähigt es, in seinen zukünftigen Beziehungen wahre Liebe zu erkennen.

Um meine Kinder spüren zu lassen, dass ich meine Frau liebe, würde ich versuchen, in den kleinen Dingen des Alltags zuverlässiger zu sein. Wahre Liebe wird konkret und sichtbar.

Ich würde meiner Frau zum Beispiel meine Zuwendung zeigen, indem ich mehr Pflichten im Haushalt übernehme, ihr zu besonderen Anlässen ein kleines Geschenk mitbringe oder ihr einen Liebesbrief schreibe, wenn ich auf Reisen bin. Ich könnte ihre Hand nehmen, wenn wir spazierengehen. Und ich würde meinen Kindern gegenüber zärtliche Dinge über meine Frau sagen.

Um meine Liebe zu meiner Frau sichtbar werden zu lassen, sollte ich öfter Zeiten einplanen, in denen wir miteinander allein sind. Ich erinnere mich gern an die Gelegenheiten, wenn ich mit meiner Frau zum Essen aus war oder wir ein Konzert besuchten oder für einen Abend an einen See gefahren waren. Die Liebe und Gemeinsamkeit, die wir bei diesen Gelegenheiten erlebten, hatte nicht nur Auswirkungen auf uns beide. Wenn wir nach Hause zurückkehrten, hatten die Kinder manchmal schon den Tisch besonders festlich gedeckt, oder an der Haustür hing ein Willkommensschild, oder die Kinder hatten eine kleine Theateraufführung vorbereitet, die sie uns vorspielten. Sie spürten ganz einfach die Liebe zwischen Vater und Mutter und wollten daran teilhaben.

Als die Kinder älter wurden, kam es vor, dass sie besondere Zeiten für meine Frau und mich einplanten, in denen wir ausspannen und etwas zu zweit unternehmen konnten. „Du und Mama, ihr geht heute Abend aus, und wir bleiben zu Hause", sagten sie einmal.

Heute ist mir klarer denn je, dass Kinder leichter lernen, andere zu lieben, und leichter die Fähigkeit erwerben, die Freuden des Lebens zu genießen, wenn sie bei ihren Eltern eine enge Liebesbeziehung erlebt haben. Ich bin davon überzeugt: Kaum etwas anderes ist in der Lage, Kindern einen derartigen Vorrat an Freude und innerem Frieden mitzugeben, wie die Erfahrung, dass Vater und Mutter sich innig lieben. Dagegen ist oft zu beobachten, dass gerade Kinder, die in familiären Konflikten leben und nicht sicher sind, ob ihre Eltern sich mögen, psychosomatische Störungen entwickeln und ernsthaft erkranken.

Ich bin überzeugt, dass es einen engen Zusammenhang gibt zwischen der Liebe der Eltern zueinander und der Liebe des Kindes, seinem Gehorsam und seinem Verhalten. Wenn Vater und Mutter einander beim Spazierengehen an den Händen halten, wird das Kind das mit seinen Freunden genauso machen. Sieht es das bei Vater und Mutter jedoch sehr selten oder nie, wird es damit ebenfalls zurückhaltend umgehen.

Die Erziehung der Kinder ist nur für einen bestimmten Zeitraum unsere Aufgabe. Rasch werden sie größer und verlassen schließlich das Haus. Die Partnerschaft zwischen Mann und Frau jedoch ist auf Dauer angelegt. Darum dürfen sie nicht aufhören, umeinander zu werben. Wenn ihre Beziehung gesund ist und wächst, wird sich die Zeit, in der ihre Kinder bei ihnen sind, vergleichsweise einfach gestalten. Gelingt es nicht, unsere Beziehung zum Partner positiv und liebevoll zu gestalten, so werden die Probleme in der

Erziehung unserer Kinder uns möglicherweise über den Kopf wachsen.

Klingt das zu sentimental? Dann wünschte ich, wir würden ein wenig mehr Sentimentalität praktizieren. Ein großes Problem für viele Paare besteht darin, dass sie vor der Heirat zu viel Gefühl investieren und in der Ehe zu wenig. Aber nichts ist für das Wohlergehen von Eltern und Kindern wichtiger als die tiefe, bedingungslose und nach außen sichtbare Liebe zwischen Vater und Mutter.

Ein großes Problem für viele Paare besteht darin, dass sie vor der Heirat zu viel Gefühl investieren und in der Ehe zu wenig

2 ICH WÜRDE MEHR MIT MEINEN KINDERN LACHEN

Wenn ich heute eine Familie gründen würde, würde ich viel mehr lachen. Ganz recht, ich würde viel öfter mit meinen Kindern lachen.

Der irische Schriftsteller Oscar Wilde (1854–1900) schrieb einmal: „Der beste Weg, damit aus Kindern gute Menschen werden, ist, sie glücklich zu machen." Und der englische Autor Charles Buxton (1823–1871) schrieb: „Die erste Pflicht Kindern gegenüber ist, sie glücklich zu machen. Wenn du sie nicht glücklich gemacht hast, hast du ihnen unrecht getan. Kein anderes Gut, das sie erwerben, kann das ausgleichen."

Mir ist heute bewusst, dass ich meistens viel zu ernst war. Während meine Kinder unheimlich gern lachten, muss ich wohl oft den Eindruck vermittelt haben, Vater sein sei ein andauerndes und schmerzhaftes Problem. In vielen Familien ist die Fähigkeit verlorengegangen, Spaß zusammen zu haben, miteinander zu lachen und zu spielen.

Ich erinnere mich, wie ich mich mit meinen Kindern über die kleinen Theaterstücke amüsierte, die sie manchmal für die Familie aufführten, oder über die lustigen Dinge, die sich in der Schule zugetragen hatten, oder wenn ich auf ihre Tricks und Fangfragen hereingefallen war. Ich habe noch gut ihre Freudenschreie im Ohr, wenn ich mit ihnen herumalberte und bei ihren Turnkunststücken auf dem Rasen oder auf dem Wohnzimmerteppich mitmachte. Und ich erinnere mich daran, wie die Kinder mit vor Vergnügen glitzernden Augen und unter großem Gelächter lustige Erlebnisse aus der Familie zum Besten gaben.

Es sind vor allem die glücklichen Momente der Vergangenheit, die uns aneinander binden. Wenn ich mit meinen Kindern zusammen gelacht habe, hat das unsere Liebe zueinander bereichert. Es war, als wenn eine Tür aufschwang und den Weg frei machte für viele andere Dinge, die wir miteinander tun konnten.

Ich weiß noch sehr gut, wie lustig es oft beim Autofahren zuging. In den seltensten Fällen – falls überhaupt einmal – haben wir geschimpft, wenn wir in einer Situation entspannt genug waren, darüber lachen zu können. Ich erinnere mich, wie wir einmal an einem glühend heißen Tag einen Ausflug machten. An einem kleinen, aber wunderschönen Wasserfall legten wir eine Rast ein. Nachdem wir etwas gegessen hatten, wateten die Kinder in den Fluss hinein und gerieten dabei immer näher an den Wasserfall. Unsere Tochter rutschte aus und fiel mit einem großen Platsch ins Wasser. Wir brachen alle in lautes Gelächter aus. An ihr war kein trockener Faden mehr.

Daraufhin wagte sich ihr Bruder näher heran, aber auch er glitt auf den Steinen aus und fiel ins Wasser. Wieder großes Gelächter. Schließlich setzten sich die Kinder direkt unter den Wasserstrahl, und das kühle frische Nass ergoss sich mit einem Schwall über sie. Anschließend zogen sie trockene Kleidung an. Noch heute, nach vielen Jahren, ist diese Begebenheit eine unserer glücklichsten Erinnerungen.

In einem alten Spruch heißt es sehr weise: „Hab keine Angst, Kinder zu verderben, indem du sie glücklich machst. Glück ist die Atmosphäre, in der alle guten Gefühle gedeihen – die gesunde Wärme, die nötig ist, damit das Herzblut frei und ungehindert zirkulieren kann. Unglücklichsein dagegen ist der eisige Druck, der eine Entzündung hier und ein böses Gewächs da hervorruft, sowie – als Schlimmstes von allem – Missmut."

Ich würde viel mehr über mich selbst lachen, über meine Fehler und Schwächen

Wenn ich also mit meiner Familie noch einmal von vorn anfangen könnte, würde ich viel mehr über mich selbst lachen, über meine Fehler und Schwächen. Viele Spannungen in unserem Leben, besonders in den Familien, rühren daher, dass wir uns selbst zu wichtig nehmen. Das führt dazu, dass wir sehr leicht verletzlich werden.

Ich bin heute davon überzeugt, dass es wichtig ist, ganz bewusst Arbeit, Spiel und

Fröhlichkeit miteinander zu verbinden. Wenn wir es lernen, miteinander fröhlich zu sein, lernen wir es auch, einander zu lieben und miteinander zu arbeiten. Wenn unsere Kinder das, was wirklich zählt im Leben, in einer fröhlichen und gelösten Atmosphäre erleben, werden sie nicht so leicht geneigt sein, auf fragwürdige Vergnügungen und Glücksversprechen hereinzufallen, die unsere Gesellschaft so freimütig anbietet.

Der französische Theologe und Schriftsteller François Fénelon (1651 – 1715) schrieb vor vielen Jahren: „Hüte dich davor, sie durch unkluge Genauigkeit zu erschöpfen. Wenn Tugenden sich dem Kind im Zusammenhang mit Traurigkeit und Zwang darstellen, während sich die Freiheit, zu tun, was man möchte, als angenehm präsentiert, ist alles verloren und deine ganze Arbeit vergeblich."

„Gesegnet ist die Hand", sagte der englische Journalist Douglas Jerrold (1803 – 1857), „die einem Kind eine Freude bereitet, denn man kann nie wissen, wann oder wo diese Freude weiterblüht."

3 ICH WÜRDE BESSER ZUHÖREN

Die meisten Eltern empfinden es oft als schwierig, ihren Kindern zuzuhören. Wir sind so beschäftigt mit unseren eigenen Lasten und Pflichten. Gewöhnlich sind wir hundemüde, wenn wir nach einem langen Arbeitstag nach Hause kommen, an dem pausenlos etwas von uns verlangt wurde. Wir möchten am liebsten alles vergessen, was irgendwie mit Pflichten zusammenhängt. Oder wir sind so von unseren eigenen Interessen gefangengenommen, dass wir wenig Zeit zum Zuhören haben. Das, was unsere Kinder zu berichten haben, erscheint uns wie belangloses Geplapper. Und doch können wir viel mehr durch Zuhören lernen als durch Sprechen – besonders, wenn es unsere Kinder sind, denen wir zuhören.

Wenn ich also heute noch einmal mit meiner Familie beginnen könnte, würde ich unter allen Umständen versuchen, besser auf das zu hören, was meine Kinder mir erzählen. Ich würde sehr genau hinhören, wenn mir meine Kinder ihre Beschwerden und Kümmernisse vortragen, ihre Freuden und das, was sie aufregend finden.

Ich erinnere mich noch so genau, als wäre es gestern geschehen, an den Tag, an dem mein vielbeschäftigter Vater sich die Zeit nahm, auf die Kümmernisse seines Erstklässlers zu hören. Die Ruhe und Aufmerksamkeit, mit der er mir zuhörte, zerstreute alle meine Ängste. Ich weiß nicht mehr genau, was mich damals so beunruhigte. Ich weiß nur, dass ich meinem Vater von meiner Angst erzählte und dass ich erlebte, dass „Ängste, die man ausgesprochen hat, ihre Macht verlieren". Ich war in der Lage, am nächsten Tag wieder zur Schule zu gehen, mit neuem Mut und voller Zuversicht. Hätte mein Vater meine Furcht nicht ernstgenommen oder sich geweigert, mir zuzuhören, wäre meine Angst nur noch größer geworden.

Wenn meine Kinder noch klein wären, würde ich beispielsweise die Zeitung weglegen, wenn sie mir etwas erzählen wollen. Und ich würde versuchen, nicht ungeduldig zu reagieren, wenn sie mich unterbrechen.

Solche Momente können die besten Gelegenheiten sein, ihnen Liebe und Freundschaft zu beweisen und zu zeigen, dass man Vertrauen in sie setzt.

Eine halbe Million Gelegenheiten, unseren Kindern Lebensweisheiten mit auf den Weg zu geben

Ein kleiner Junge will seinem Vater einen Kratzer an seinem Finger zeigen. Endlich, nachdem der Kleine mehrere Male vergeblich versucht hat, die Aufmerksamkeit seines Vaters zu erringen, legt der Mann sein Buch weg und fragt, verärgert über die Störung: „Ja und …? Kann ich etwas daran ändern?"

„Ja, Papa", sagt der Kleine, „du hättest ‚oh!' sagen können!"

Wenn ich noch einmal meinen Kindern zuhören könnte, würde ich aufmerksamer auf ihre Fragen achten. Man schätzt, dass ein Kind bis zum Alter von fünfzehn Jahren etwa 500.000 Fragen gestellt hat. Welche Chance für Eltern – eine halbe Million Mal die Gelegenheit, ihren Kindern Lebensweisheiten mit auf den Weg zu geben.

Die frühen Jahre unserer Kinder sollen wir nutzen. Wenn sie etwa fünfzehn Jahre alt sind, ist der größte Teil der Erziehungsarbeit abgeschlossen. In diesem Alter wissen Kinder, was ihre Eltern glauben. Die Verantwortung der Eltern besteht von diesem Zeitpunkt an in der Hauptsache darin, präsent zu sein, wenn das Kind um Rat oder Hilfe nachsucht.

Wenn ich die Chance hätte, noch einmal zu beginnen, würde ich mehr mit meinem „dritten Ohr" zuhören. Ich würde versuchen herauszufinden, welche Gefühle meine Tochter bewegen, wenn sie mich nach einer Sache fragt oder irgendwelche Behauptungen aufstellt. Wenn mein Kind zum Beispiel fragt: „Musst du heute Abend wieder weg, Papa?" höre ich dahinter: „Ich möchte gern mit dir zusammensein!" Wenn mein kleiner Sohn abends auf meine Knie klettert und mir erzählen will, was er tagsüber erlebt hat, würde ich ihm meine ganze Aufmerksamkeit zuwenden. Denn diese Zeiten gehen viel zu schnell vorüber. Der französische Schriftsteller und Philosoph Jean-Jacques Rousseau (1712-1778) schrieb: „Die Erziehung von Kindern ist die Kunst zu unterscheiden, wann wir Zeit verlieren können, um sie zu gewinnen."

Ich würde mich davor hüten, in die Luft zu starren, wenn mein Kind mit mir redet. Ich würde mich konzentrieren, in seine Augen sehen und ihm zuhören. Der Ausdruck unserer Augen verrät oft mehr als viele Worte. Mit Bedauern denke ich daran zurück, dass eines meiner Kinder erst mein Gesicht zu sich drehen musste, weil es merkte, dass ich gar nicht bei der Sache war.

Ich stand einmal neben einem Mann, dessen kleiner Sohn ihm ein ums andere Mal etwas zurief. Als Erklärung, warum er darauf nicht antwortete, sagte er: „Das ist nur der Kleine!" Ich dachte bei mir: Es wird nicht lange dauern, bis der Vater den Sohn etwas fragt und sein Sohn entgegnet: „Das ist nur mein Vater!"

Ich glaube, dass Kinder, deren Eltern ihnen zugehört haben, als sie noch klein waren, später sehr genau auf das achten werden, was ihre Eltern sagen. Ich bin heute davon überzeugt, es besteht ein enger Zusammenhang zwischen dem Ernstnehmen der Anliegen kleiner Kinder und dem Maß, wie sie uns an ihrem Leben teilhaben lassen, wenn sie ins Teenageralter kommen. Eltern, die sich die Zeit nehmen zu verstehen, was ihre Kinder ihnen mitteilen und wie sie sich fühlen, werden auch später in der Lage sein, ihre erwachsenen Kinder zu verstehen.

4 ICH WÜRDE VERSUCHEN, EHRLICHER ZU SEIN

Wenn ich heute eine Familie gründen würde, würde ich mich bemühen, mehr Aufrichtigkeit zu praktizieren. Bei diesem Satz fühle ich mich etwas unbehaglich, denn es war eigentlich immer eines meiner wichtigsten Anliegen, ehrlich zu sein. Ich habe mich stets selbst als ehrlich eingeschätzt in dem Sinne, dass ich niemals auch nur einen Pfennig mitgehen lassen würde, der mir nicht gehört. Ich wollte niemals lügen oder schwindeln und auch wissentlich nichts verdrehen oder verfälschen.

Und doch habe ich die Erfahrung gemacht, dass Eltern oftmals eine Form von Unaufrichtigkeit praktizieren, die zwar nur schwer wahrnehmbar ist, jedoch großen Schaden anrichten kann. Zum Beispiel indem man vorgibt, perfekt zu sein, oder durchblicken lässt, dass man selbst als Kind doch so brav war.

Ein Vater bekannte, dass ihm nicht bewusst war, wie unehrlich er reagierte, bis er eine harte Lektion erhielt. Sein Sohn kam in der vierten Klasse mit einer schlechten Note im Diktat nach Hause. Obwohl der Vater ihn zur Rede stellte und der Sohn auch anschließend ernsthaft lernte, wurde es nicht besser. Eines Tages sagte er resigniert zu seinem Lehrer: „Mein Vater hat in Deutsch immer eine Eins gehabt."

„Woher weißt du das?" fragte der Lehrer. „Hat er dir das gesagt?"

„Nein", entgegnete der Junge, „aber wenn er mich ausschimpft, merke ich das."

„Das war der springende Punkt", bekannte der Vater. „Ich habe unbewusst eine Botschaft vermittelt, die nicht stimmte. In Wirklichkeit hatte ich nämlich selbst einige Zeit erhebliche Schwierigkeiten mit der Rechtschreibung gehabt. Als ich das meinem Sohn sagte, sah ich Hoffnung in seinen Augen aufblitzen. Von dem Tag an ging es aufwärts. Indem ich dem Jungen den Eindruck vermittelt hatte, ich hätte nur Einser geschrieben, hatte er den Mut verloren. Aber als ich ihm gegenüber meine schlechten Zensuren zugab, wuchs in ihm das Vertrauen, wenn sein Vater es geschafft hatte, würde ihm das auch gelingen."

Die Art und Weise, in der Eltern über ihre eigene Vergangenheit, über die „gute alte Zeit" sprechen, kann sich negativ auf den Charakter und das Wertgefühl ihrer Kinder auswirken. Es hat einen Einfluss darauf, wie sie im Leben zurechtkommen. Andererseits schöpfen Kinder Hoffnung, wenn ihre Eltern zugeben, dass sie früher ähnliche Schwierigkeiten hatten. Sie werden ihre Eltern darum um so mehr lieben und respektieren.

Wenn ein Kind entmutigt ist, ist es ganz besonders wichtig, dass Eltern ehrlich sind und ihre eigenen Kämpfe und Niederlagen eingestehen, sie natürlich auch an ihren Erfolgen teilhaben lassen. Ein Kind, das spürt, dass Vater und Mutter die gleichen Probleme hatten, aber jetzt damit fertig werden, gewinnt neuen Mut und neues Selbstvertrauen.

Ich würde versuchen, ganz ehrlich darauf zu reagieren, wenn mein Kind mir sagt: „Papa, ich habe Angst, wenn es dunkel ist."

Zu sagen: „Sei nicht albern, du brauchst keine Angst zu haben!“ oder das Kind sogar für seine Angst zu tadeln, verletzt nur seine innere Sicherheit, die es so nötig braucht. Wenn ich dagegen sage: „Als ich so alt war wie du, hatte ich auch Angst“, helfe ich dem Kind und baue sein Selbstvertrauen auf.

Mit diesen Ausführungen will ich nicht sagen, dass Eltern über alle ihre Fehlschläge mit ihren Kindern reden sollten. Manche Eltern prahlen ja sogar damit, was sie früher alles angestellt haben. So etwas schadet den Kindern natürlich auch. Aber ihnen den Eindruck zu vermitteln, dass nicht nur sie Probleme haben, sondern dass ihre Eltern sie auch durchstehen mussten, gibt Kindern Hoffnung und hilft ihnen, den Herausforderungen des Lebens zu begegnen. Wenn Kinder merken, dass Vater und Mutter, die sie bewundern, dieselben Kämpfe gekämpft haben, gibt ihnen das neuen Mut und lässt sie Erfolge erleben.

Wenn Eltern dagegen vorgeben, perfekt zu sein, und ihre Fehler nicht eingestehen, leben ihre Kinder in einem Klima, das sie für ihr eigenes Leben hauptsächlich Misserfolge und Unzulänglichkeiten erwarten lässt.

Ein glückliches Kind kommt aus einer Familie, in der die Eltern sehr wohl Fehler machen, aber genug Liebe haben, sie offen und ehrlich zuzugeben

Ich bin mir heute bewusst, dass das ausgeglichene, glückliche Kind nicht aus einer Familie kommt, in der alles perfekt zugeht oder wo man keine Fehler macht. Es kommt aus einer Familie, in der die Eltern sehr wohl Fehler machen, aber genug Liebe haben, sie offen und ehrlich zuzugeben.

Ein Kind, das aus einem Haus kommt, in dem auch mal gestritten wird, ist besser dran als dasjenige, dessen Eltern miteinander nicht im Einklang sind, dem Kind gegenüber aber so tun, als sei alles in Ordnung. Kinder spüren wie mit einem siebten Sinn, wenn es zwischen Vater und Mutter nicht stimmt. Nur wissen sie nicht, wie sie damit umgehen sollen, wenn sich diese Feindseligkeiten im Geheimen abspielen. Mit offen ausgetragenen Auseinandersetzungen kann ein Kind aber nur umgehen, wenn es dann auch erlebt, dass man sich anschließend wieder versöhnt und einander vergibt.

Von Kindern vorbildliches Verhalten zu verlangen mit dem Hinweis, man selber habe früher nie Spielsachen herumliegen lassen, habe niemals bei einer Klassenarbeit abgeschrieben oder niemals seinen Eltern Kummer gemacht, kann ihr Selbstwertgefühl beeinträchtigen und bewirken, dass sie sich nicht mehr sicher fühlen.

Noch einmal: Wenn ich mit meiner Familie noch mal neu beginnen könnte, würde ich mich bemühen, aufrichtiger zu sein.

5 ICH WÜRDE AUFHÖREN, FÜR MEINE FAMILIE ZU BETEN

Bin ich plötzlich gefühllos geworden, oder habe ich etwa meinen Glauben verloren, dass ich eine solche Behauptung aufstellen kann? Ich will es im folgenden näher erklären.

Als ich damit aufhörte, für meine Frau und meine Kinder zu beten, passierten erstaunliche Dinge. Ich sah sie plötzlich in einem ganz anderen Licht. Sie wurden gleichsam zu eigenständigen Persönlichkeiten. Und es fiel mir leichter, sie trotz ihrer Fehler zu lieben. Fehler und Schwächen spielten ab da eine untergeordnete Rolle in unseren Beziehungen. Kurz gesagt: Meine Einstellung zu meiner Familie hatte sich geändert.

Früher hatte ich beispielsweise oft gebetet: „Bitte, Gott, gib doch, dass aus meinem Sohn ein guter Junge wird. Mach doch, dass er sich in dieser und jener Richtung ändert. Schenke ihm mehr Liebe und dass er freundlicher zu den Leuten ist. Hilf ihm, gehorsam zu sein."

Für meine Tochter hatte ich gebetet, dass sie die Liebe von Jesus Christus kennenlernt und als Heranwachsende in der Lage ist, in Beziehungen echte von falscher Liebe zu unterscheiden.

Für meine Frau bat ich Gott, dass er ihr Kraft schenken möge für alle Aufgaben in unserem Haus. Ich betete, dass sie genügend Geduld für die Kinder aufbringen möge und dass sie alles schafft, was getan werden muss, damit der Haushalt funktioniert. Ich betete, dass Gott ihr bei ihren vielen Verpflichtungen seine besondere Hilfe zuteil werden lasse.

An einem Abend passierte es dann. Ich war allein zu Hause, als mir blitzartig klar wurde, dass ich mit dieser Art des Betens aufhören müsse. Es hatte den Anschein, dass meine Gebete kaum etwas bewirkten. Die Kinder schienen heute weniger über liebevolles Verhalten zu wissen als in früheren Jahren. Im Moment gingen wir alle miteinander nicht gerade sehr freundlich und fürsorglich um. Ich musste mit diesen Gebeten aufhören. Meine Familie hatte sie nicht nötig.

Also hörte ich auf, in dieser Weise für sie zu beten. Mir dämmerte allmählich: Wenn meine Kinder mehr über die Liebe Gottes erfahren sollen, muss ich als ihr Vater selbst mehr von dieser Liebe erfahren und sie dann für meine Kinder sichtbar und erfahrbar machen. Wenn sie es lernen sollen, in ihren Beziehungen Liebe zu praktizieren, dann brauche ich Hilfe von Gott, um in meinen eigenen Beziehungen diese Liebe beispielhaft vorzuleben – in der Familie und darüber hinaus. Darum betete ich: „Gott, hilf mir, liebevoll und freundlich zu sein, so wie du es zu mir bist."

Ich hörte damit auf, in einer gewissen Art für meine Frau zu beten, als ich erkannte, dass es nicht meine Aufgabe ist, sie besser zu machen, sondern glücklicher. Mir wurde klar, dass ich nicht dafür beten sollte, dass Gott ihr hilft, ihre Arbeit zu schaffen, sondern dafür zu beten, dass Gott mir die Augen öffnet, wo ich ihr etwas abnehmen kann. Also betete ich: „Mache mich zu einem brauchbaren und glücklichen Ehemann!" Und schon bald merkte ich, dass ich es war, der diesbezüglich auf eine Extraportion der Hilfe Gottes angewiesen war.

Dieser Abend war so etwas wie ein Wendepunkt für mich. Irgendwie veränderte sich alles. Ich hatte den Eindruck, dass meine Frau und meine Kinder anders geworden waren. Eine neue Atmosphäre der Liebe schien das Haus zu durchziehen und sogar das Auto, wenn wir zusammen irgendwo hinfuhren. Die Kinder wirkten auf einmal viel zugänglicher. Und all das passierte, als ich damit aufhörte, für sie zu beten und statt dessen Gott bat, meine Einstellung zu ihnen zu verändern. Es geschah, als ich ihn bat, mir zu helfen, sie nicht zu verletzen und Beziehungen nicht zu zerstören. Die Veränderung trat ein, als ich Gott versprach, alles in meiner Kraft Stehende zu tun, um meine Frau und meine Kinder glücklich zu machen. Als ich

Als ich Gott darum bat, *mich* zu verändern statt die anderen, kamen die Dinge in Bewegung

Gott darum bat, *mich* zu verändern statt die anderen, kamen die Dinge in Bewegung.

Nein, selbstverständlich war nicht alles gleich in Butter. Oft genug habe ich noch versagt, und es tat mir hinterher leid. Aber ich habe erfahren, dass mich meine Familie trotz meiner Fehler liebt.

Natürlich bete ich auch noch. Meine Frau und meine Kinder kommen darin sogar noch häufiger vor als früher. Aber heute hat der Dank für jedes einzelne Familienmitglied den Vorrang in meinen Gebeten.

Mein Leben hat eine ganz neue Dimension bekommen, als ich damit aufhörte, Gott darum zu bitten, andere zu verändern, und statt dessen betete, Gott möge mich verändern.

Mir ist heute klar: Wenn ich meine Familie so akzeptiere, wie sie ist, werden wir miteinander viele Möglichkeiten entdecken, wie wir innerlich wachsen und uns verändern können. Aber solange ich sie anders haben will oder von Gott erwarte, dass er sie ändert, werde ich nur Widerstand zu spüren bekommen.

Wenn ich mich selbst annehmen kann in dem Wissen, dass Gott mich liebt und mir vergibt, habe ich es leichter, andere anzunehmen und sie zu lieben, ihre Fehler und Schwächen zu übersehen und sie nicht rücksichtslos zu verurteilen.

Nur wenn ich selbst Gottes Liebe erfahre, bin ich in der Lage, diese Liebe an meine Familie weiterzugeben. Wenn ich also den Eindruck habe, jemand müsse sich ändern, muss ich um Veränderung für mich selbst bitten. Es ist nicht meine Aufgabe, dafür zu sorgen, dass andere sich positiv verändern. Das ist allein Gottes Aufgabe. Meine Aufgabe ist es, andere glücklich zu machen.

6 ICH WÜRDE MEHR MIT MEINER FAMILIE UNTERNEHMEN

Es mag merkwürdig klingen, wenn ich Familien, die miteinander unter einem Dach leben, essen und schlafen, ermahne, sie sollten sich um mehr Gemeinsamkeit bemühen. Und doch sind viele, die zusammen in einem Haus leben, innerlich oft meilenweit voneinander entfernt. Wenn es einen Ausspruch gibt, den ich im Laufe der Jahre immer und immer wieder auf Familienkonferenzen und Tagungen gehört habe, dann ist es dieser: „Wenn ich noch einmal beginnen könnte, würde ich meinen Kindern mehr Zeit widmen." Die gemeinsamen Unternehmungen sind es, an die wir uns später erinnern, nicht das, was jeder für sich allein getan hat.

Dem Familienvater stehen in der Woche 168 Stunden Zeit zur Verfügung. Davon verbringt er höchstwahrscheinlich etwa vierzig Stunden an seiner Arbeitsstelle. Geben wir noch 15 Stunden für Fahrten von und zur Arbeit sowie für Überstunden zu. Wenn wir dann 56 Stunden für die Nachtruhe ansetzen, bleiben 57 Stunden übrig, über die ein Familienvater frei verfügen kann. Wieviele davon sind uneingeschränkt der Familie gewidmet? Eine Gruppe von 300 Schülern des siebten und achten Schuljahres veranstaltete eine Befragung, durch die sie herausfinden wollten, wieviel Zeit ihre Väter in einem Zeitraum von vierzehn Tagen mit ihren Kindern verbringen. Die meisten Kinder sahen ihren Vater lediglich beim Abendessen. Manche bekamen ihn tagelang überhaupt nicht zu Gesicht. Die Durchschnittszeit, die Vater und Sohn in einer Woche miteinander allein waren, belief sich auf siebeneinhalb Minuten.

Die gemeinsamen Unternehmungen sind es, an die wir uns später erinnern, nicht das, was jeder für sich allein getan hat

Ein Mann erzählte eine interessante Begebenheit aus seiner Jugendzeit:

„Als ich ungefähr dreizehn Jahre alt war und mein Bruder zehn, versprach mein Vater, mit uns in den Zirkus zu gehen. Als wir gerade am Mittagstisch saßen, bekam er einen Anruf.

Es handelte sich um irgendeine dringende Angelegenheit an seiner Arbeitsstelle, und er sollte sofort hinkommen. Mein Bruder und ich machten uns schon innerlich auf eine Enttäuschung gefasst. Da hörten wir unseren Vater sagen: ‚Nein, ich fahre nicht hin! Das hat noch Zeit!'

Als er sich wieder an den Tisch setzte, lächelte unsere Mutter und sagte: ‚Der Zirkus kommt noch einmal zurück, das weißt du?'

‚Ja, das weiß ich', entgegnete mein Vater. ‚Aber die Kindheit kommt nicht wieder zurück!'"

Ein Geschäftsmann fragte seinen Freund: „Willst du wissen, was ich meinem Sohn zu Weihnachten schenke?" Er zog einen Zettel aus der Tasche, auf dem stand: „Für meinen Sohn. Ich schenke dir an jedem Wochentag eine Stunde meiner Zeit und jeden Sonntag zwei Stunden. Du darfst bestimmen, was wir damit anfangen."

Ich erinnere mich noch gut an die Zeiten in meiner Kindheit, in denen ich etwas mit meinem Vater unternommen habe. Dagegen sind die Dinge, die ich allein unternommen habe, weitgehend in Vergessenheit geraten. Die Tage jedoch, als wir einmal zusammen in den Park gingen oder ein Picknick veranstalteten oder auch unser gemeinsamer Besuch im Museum gehören zu meinen wertvollsten Erinnerungen.

Als unsere Kinder noch klein waren, hörte ich einmal abends kurz vor dem Einschlafen plötzlich Schritte im Flur. Unser Sohn David, der damals drei Jahre alt war, schob sich langsam zur Tür herein und kam an unser Bett.

„Was willst du denn?" fragte ich ihn.

„Nichts, Papa", sagte er. „Ich möchte in dein Bett und dir etwas erzählen."

Ich schlug die Bettdecke zurück, und er kletterte hinein. Zufrieden kuschelte er sich in die Kissen und blieb eine Zeitlang still liegen. Dann sagte er: „Papa, das war prima, dass du meine Hand gehalten hast, ich meine, wegen dem großen Löwen."

„Hattest du Angst?" fragte ich David.

„Hm, ein bisschen."

Nach einer kurzen Pause meinte er dann: „Wir hatten heute einen schönen Tag zusammen, nicht wahr, Papa?“

„Auf jeden Fall!“ bekräftigte ich.

Woraufhin David die Bettdecke zurückschlug, sich in sein Zimmer trollte und sich in sein eigenes Bett legte. Schon bald war er fest eingeschlafen. Aber ich lag noch eine Zeitlang wach. Mein kleiner Sohn hatte mir deutlich gemacht, wie wichtig es ist, sich in der Familie Zeit füreinander zu nehmen.

Wir hatten uns als Familie schon sehr lange auf diesen Besuch im Zoo gefreut. Viel zu schnell war der Tag vorüber gegangen. Wir waren alle müde und freuten uns, wieder nach Hause zu kommen. So hatte nach einem kleinen Imbiss niemand etwas dagegen, zu Bett zu gehen. Die Worte unseres kleinen Sohnes fassten nur zusammen, was wir alle dachten: „Wir hatten einen schönen Tag zusammen, nicht wahr, Papa?“ Meine Frau flüsterte mir ins Ohr: „Es war so schön heute, mit dir und den Kindern zusammen zu sein.“

Nichts kann diese Zeiten, die man als Familie zusammen verbringt, ersetzen. Sicherheit und Geborgenheit, Liebe und Verständnis, das gemeinsame Gespräch, all das ist in dem Gefühl begründet: Wir gehören zusammen. Wenn dieses Bewusstsein fehlt, machen sich Einsamkeit, Fremdheit und Lieblosigkeit breit.

Eine erschütternde Studie über Menschen, die als Kinder in Europa den Zweiten Weltkrieg miterlebten, zeigte sehr deutlich, dass nach den schrecklichen Erlebnissen nur diejenigen wieder in ein normales Leben eingegliedert werden konnten, die in ihrer Familie harmonische Zeiten erlebt hatten.

Was also macht diese Zusammengehörigkeit aus? Im Wesentlichen: Sich Zeit füreinander zu nehmen. Miteinander am Tisch sitzen, Spazierengehen oder Spiele machen. Sich gegenseitig eine Freude bereiten. Zusammengehörigkeit bedeutet, miteinander eine Arbeit anzupacken. Es bedeutet, miteinander ein Spiel zu machen, bei dem alle Spaß haben. Es bedeutet auch, über eine wichtige Sache miteinander zu reden und dafür zu beten. Zusammengehörigkeit besteht in jedem Wort, in jedem Tun, das in uns das Gefühl hervorruft: Wir gehören zusammen. Es ist die Fähigkeit, am Ende eines erlebnisreichen Tages zu sagen: „Wir hatten heute einen schönen Tag zusammen, nicht wahr?“

Wenn ich noch einmal beginnen könnte, würde ich mehr mit meiner Familie unternehmen.

7 ICH WÜRDE ÖFTER ERMUTIGEN

Wenn ich mit meiner Familie noch einmal anfangen könnte, würde ich großzügiger mit Lob und Anerkennung umgehen. Mit Tadel war ich leicht bei der Hand, wenn meine Kinder etwas falschgemacht hatten. Manchmal habe ich sie selbst wegen geringfügiger Dinge ausgeschimpft. Aber viel zu selten hörten sie ein Wort des Lobes oder der Ermutigung, wenn sie eine Arbeit gut gemacht hatten oder ein vorbildliches Benehmen an den Tag legten.

Ein Redner hielt einen Vortrag zu dem Thema: „Teenager und Familie“. Er sagte: „Mit Lob würde ich verschwenderisch umgehen. Wenn mein Sohn beispielsweise Trompete spielte, würde ich bestimmt ein Musikstück finden, das mir sehr gut gefällt. Und dann würde ich ihn für dieses tolle Stück loben. Wenn mir ein Aufsatz, den er geschrieben hat, gefällt, würde ich das auch sagen und meine Hoffnung äußern, dass er auch eine gute Note dafür bekommt. Wenn ich sein Hemd oder seine Krawatte, seine Schuhe oder Socken oder irgend etwas anderes gut finde, würde ich es ihm ganz einfach sagen."

Kaum etwas anderes ist mehr dazu angetan, Kinder auf das Leben vorzubereiten, ihnen ein Grundvertrauen mitzugeben und sie zu Leistungen zu befähigen, als aufrichtiges Lob und Anerkennung. Es geht nicht um Schmeichelei, sondern um ehrlich gemeinte Komplimente, wenn sie etwas gut gemacht haben.

Der schottische Dichter Sir Walter Scott (1771 - 1832) hatte in der Schule nicht gerade mit guten Noten geglänzt. Oft war er das Schlusslicht in der Klasse gewesen und erntete dafür viel Spott. Als er ungefähr zwölf Jahre alt war, kam er zufällig einmal in ein Haus, in dem sich unter den Gästen einige berühmte Dichter und Literaten befanden. Der Dichter Robert Burns (1759 - 1796) bewunderte gerade ein Bild, unter dem ein kurzer Vers geschrieben stand.

Burns erkundigte sich nach dem Verfasser dieses Verses. Niemand schien ihn zu kennen. Schließlich näherte sich ein schüchterner Junge und nannte den Namen des Autors.

Anschließend sagte er das ganze dazugehörige Gedicht auf. Burns zeigte sich hocherfreut. Er legte seine Hand auf den Kopf des Jungen und erklärte: „Kind, du wirst eines Tages ein berühmter Mann in Schottland sein!“ Von diesem Tage an war Walter Scott wie verwandelt. Ein Satz der Ermutigung hatte ihm die Tür zu wahrer Größe geöffnet. „Wenn wir ein Kind lieben und es loben“, so sagte Goethe, „lieben und loben wir nicht das, was wir vorfinden, sondern das, was wir uns erhoffen.“

Um meine Kinder zu ermutigen, würde ich mir vornehmen, das, was sie gut gemacht haben, nicht zu vergessen. Ich würde ganz frei meine Freude, meinen Dank und mein Lob dafür aussprechen. Ich würde daran denken, dass jeder Tag viele Gelegenheiten bietet, meinen Kindern Mut zuzusprechen, selbst in den kleinsten Dingen.

„Ein gutes und klares Lob ist für Kinder wie die Sonne für die Blumen“, schreibt Christian Bovec. Die Sonne bewirkt, dass die Blumen wachsen und in den schönsten

Farben erblühen. Genauso sind für ein Kind Worte des Lobes und der Anerkennung notwendig, damit es sich voll entfalten und ein glückliches, erfülltes und ausgeglichenes Leben führen kann.

Ermutigung und Lob ist wie ein Auftanken mit frischer Energie. Der amerikanische Psychologe Dr. Henry H. Goddard (1866–1957) meinte, man könne sie gleichsam im Labor nachmessen. In der Schule, an der Goddard arbeitete, führte er Untersuchungen über Erschöpfungszustände durch. Wenn man beispielsweise zu einem Kind, das müde und erschöpft war, sagte: „Das hast du wirklich prima gemacht!", stieg seine Energiekurve augenblicklich steil an. Entmutigung und Schuldzuweisung dagegen hatten den gegenteiligen Effekt, der ebenso messbar war.

Wenn ich mir fest vornehme, wann immer möglich meinen Kindern gegenüber ein Lob auszusprechen, würde ich einen Moment innehalten, bevor ich mich über verschmutzte oder kaputte Kleidungstücke oder unaufgeräumte Zimmer aufrege. Henry W. Longfellow (1807–1882), amerikanischer Dichter, sagte: „Ein Loch in einer Jacke ist schnell geflickt, aber harte Worte verwunden das Herz eines Kindes." Es hat Zeiten gegeben, wo ich das Herz meines Kindes so verletzte, dass es noch lange danach schmerzte, als die kaputte Jacke schon längst repariert war.

Ich bin mir heute sehr sicher, dass in der Erziehung Ermutigung weitaus mehr bewirken kann, als ein Kind zu tadeln oder zu bestrafen

Ich bin mir heute sehr sicher, dass in der Erziehung Ermutigung weitaus mehr bewirken kann, als ein Kind zu tadeln oder zu bestrafen. Freundliche, aufmunternde Worte ermutigen und lassen unsere Bemühungen erfolgreich sein. Die Lehrerin und Verlegerin Ruth Hayward erzählt in ihrem Buch *The Positive Discpline of Praise* von ihren Versuchen, die schlechten schulischen Leistungen ihrer Tochter zu verbessern. Das Ganze hatte sich zu einem regelrechten Kleinkrieg zwischen Mutter und Tochter ausgeweitet.

Mitten im dritten Schuljahr bekam das Kind eine neue Lehrerin. Am ersten Tag kam das Mädchen ganz aufgeregt aus der Schule nach Hause und berichtete voller Stolz: „Die neue Lehrerin hat zu mir gesagt, ich kann ganz toll schreiben. Ich habe überhaupt keine Angst vor ihr. Alle finden, dass sie uns mag, und jeden lobt sie!" Von dem Tag an ging das Mädchen mit Begeisterung zur Schule. Sie strengte sich sichtlich an, es der Lehrerin recht zu machen, weil sie gelobt worden war.

Mir ist heute klar: Ein Kind wegen irgendeiner Sache zu kritisieren, ohne dass anschließend Worte der Ermutigung gesprochen werden, zerstört mehr, als es nützt. Kritik und Schuldzuweisung berauben ein Kind seiner Selbständigkeit. Aufrichtige Ermutigung dagegen stärkt sein Selbstvertrauen. Ein gutes Selbstvertrauen ist ein unverzichtbarer Bestandteil eines glücklichen Lebens und führt ein Kind zur Reife.

Ich bin mir heute bewusst, dass wir uns alle tief in unseren Herzen wünschen, anerkannt und geschätzt zu sein. Wie der Psychologe William James (1842–1910) von der Universität Harvard sagte: „Das tiefste Verlangen im Menschen ist die Sehnsucht, wertgeachtet zu sein.“ Wenn dieses elementare Verlangen von denen erfüllt wird, die wir lieben, können wir auch in anderen Bereichen wachsen.

Ich möchte mich laufend dazu ermahnen, die verborgenen Talente und Fähigkeiten meines Kindes zu fördern, indem ich ihm Mut mache und es lobe. Ich wünsche mir, dass sich mein Horizont erweitert, damit ich nicht nur sehe, wie mein Kind heute ist, sondern vielmehr, was noch aus ihm werden kann. In keiner anderen menschlichen Gemeinschaft ist es nötiger, das zu praktizieren, als in der Familie.

Wenn wir unser Kind auch in den kleinen Dingen des Alltags unsere Wertschätzung fühlen lassen, werden gegenseitige Liebe und Anerkennung wachsen. Wenn ich heute noch einmal beginnen könnte, würde ich keinen Tag ohne ein Lob verstreichen lassen.

8 ICH WÜRDE DEN KLEINEN DINGEN MEHR AUFMERKSAMKEIT SCHENKEN

Ich bin davon überzeugt, dass die eher kleinen Dinge darüber entscheiden, ob wir traurig oder fröhlich sind. Viele Beziehungen werden gerade durch kleine Dinge und Ereignisse aufgebaut und ebenso auch durch sie zerrüttet. Kleine Dinge entscheiden darüber, ob Harmonie und Liebe wachsen oder ob sie zerstört werden. Sie sind auch die Ursache dafür, ob wir uns rücksichtsvoll verhalten oder grob miteinander umgehen. Wenn ich heute eine Familie gründen würde, würde ich mich ernsthaft darum bemühen, den kleinen Dingen im täglichen Leben mehr Bedeutung zuzumessen. Vielen Menschen gelingt es gut, wichtige und große Entscheidungen im Leben zu meistern. Aber in den nicht so ins Auge fallenden Dingen des Alltags versagen sie. Sie vergessen dabei, dass das Leben hauptsächlich aus vielen kleinen Dingen besteht und dass die Treue, die wir im Kleinen an den Tag legen – oder auch nicht –, zu einem wesentlichen Teil über Glück oder Unglück in unseren Familien entscheidet.

Für Kinder ist der Unterschied zwischen „wichtigen“ und „weniger wichtigen“ Dingen, den die Erwachsenen machen, meistens überhaupt nicht nachvollziehbar. Ein älterer Mann, der über seine Kindheit nachdachte, berichtete: „Meine Eltern mussten sich mit großer wirtschaftlicher Not herumschlagen. Und doch erinnere ich mich eigentlich nur daran, dass ich immer glücklich war. Sogar die Entbehrungen verloren ihren niederdrückenden Charakter. Ich glaube, das lag an dem gütigen Verhalten meines Vaters.

Viele Menschen vergessen, dass das Leben hauptsächlich aus vielen kleinen Dingen besteht

Oft ging mein Vater schon frühmorgens in den Garten und kam mit einer wundervollen Rosenknospe zurück. Die legte er an den Platz meiner Mutter als Willkommensgruß zum Frühstück. Es kostete ihn lediglich ein paar Augenblicke und ein Herz voller Liebe. Als er hinter ihren Stuhl trat, sie die Rose in die Hand nahm und er ihr einen Kuss gab, war der ganze Tag strahlend schön. Und sogar das Kind, das müde und quengelig die Treppe herunterkam, spürte etwas von der Schönheit der Liebe, die sich in der kleinen, aber von Herzen kommenden Geste des Vaters ausdrückte.“

Wie es die britische Erzählerin George Eliot (1819–1880) einmal schrieb: „Einem Menschen, der in seiner Kindheit Zärtlichkeit und Liebe erfahren hat, bleibt immer ein Funken der Erinnerung erhalten, an dem sich freundliches und liebevolles Verhalten entzünden kann.“

Ich wünschte, ich hätte schon damals die Bedeutung der kleinen Dinge für meine Familie erkannt. Kleine liebevolle Aufmerksamkeiten tragen in sich eine Kraft, die nicht zu unterschätzen ist. Eine sanfte Berührung, ein liebevolles Lächeln, ein wohlüberlegtes Kompliment, eine Umarmung – das alles kann Wunder bewirken. Das kleine Wort „danke“ kann eine große Belohnung nach sich ziehen. Jemandem anzubieten, ihm zu helfen, oder ein kleines, liebevoll ausgesuchtes Geschenk lässt einen Strom von Zuneigung zu dem anderen fließen, der sein Leben für Wochen verschönert. Die Worte: „Ich liebe dich“ und „Es tut mir leid“ bereichern beide, den, der sie spricht, und den Empfänger der Botschaft. Wo solche Worte jedoch fehlen oder nicht ausgesprochen werden, da macht sich ein Klima der Kälte breit.

Wenn ich also heute noch einmal mit meiner Familie beginnen könnte, würde ich den „kleinen“ Kümmernissen meiner Kinder mehr Aufmerksamkeit schenken und ihnen meine besondere Liebe zuwenden. Ich würde ihnen diese Liebe deutlich zeigen, indem ich sie mit Worten ausdrücke und durch kleine Aufmerksamkeiten sichtbar mache. Wenn ich enttäuscht war oder etwas nicht gut fand, hatte ich ja auch keine Schwierigkeiten, dies offen zu sagen.

Ganz praktisch würde ich versuchen, aus meinem Vokabular Sätze wie „Du hast ja schon wieder ...“ und „Nie machst du ...“ zu streichen. Denn diese Aussagen entsprechen meist nicht den Tatsachen. Statt dessen sind sie dazu angetan, die Atmosphäre zu vergiften; sie legen Phantasie und Eigeninitiative lahm und lassen eine Kluft zwischen den Personen aufbrechen.

Ich würde auch versuchen, in bestimmten Situationen flexibler zu reagieren. Denn mir ist heute klar: Es ist sehr bedeutsam und auch für uns selbst befriedigend, wenn wir ganz spontan und ohne große Vorplanung einspringen und helfen, wo sich eine Notsituation zeigt. Wenn wir uns unsere eigene Kindheit in Erinnerung rufen, waren es oftmals die unfreundlichen, in Eile und gedankenlos dahergeredeten Bemerkungen, die uns innerlich verwundeten. Andererseits war es beispielsweise ein kurzer Moment des aufmerksamen Zuhörens oder eine liebevolle Bemerkung, die uns weitergebracht und erfreut haben.

Mir ist heute klar: So wie das Meer sich aus einer unendlichen Zahl von Wassertropfen zusammensetzt, so besteht ein glückliches Zuhause aus vielen angenehmen und positiven Erfahrungen. Wie Berge aus

Sandkörnchen entstanden sind, so werden Beziehungen aus kleinen Beweisen von Freundlichkeit und Liebe im alltäglichen Leben aufgebaut. Und so wie Jahrhunderte aus Jahren, Jahre aus Tagen und Tage aus Stunden, Minuten und Sekunden bestehen, bringen die kurzen Momente, in denen wir Liebe und Zuwendung verschenken, gesegnete und erfüllte Jahre.

Der Dichter Edgar A. Guest (1881–1959) schrieb ein einfaches und doch aussagekräftiges Gebet, das ich mir zu Herzen nehmen würde, wenn ich noch einmal mit meiner Familie beginnen könnte:

„Auch wenn ich nicht mit Königen zu tun habe, lass mich groß sein in den kleinen Dingen!"

9 ICH WÜRDE DAS ZUSAMMENGEHÖRIGKEITSGEFÜHL STÄRKEN

Wenn ich noch einmal mit meiner Familie beginnen könnte, würde ich daran arbeiten, ein starkes Gefühl der Zusammengehörigkeit aufzubauen. Kinder brauchen solch eine Gefühl der Zusammengehörigkeit. Wenn sie nicht spüren, dass sie ein wichtiger Teil der Familie sind, und wenn Zuverlässigkeit, Beständigkeit und Liebe fehlen, werden sie sich sehr schnell einer anderen Gruppe anschließen. Wenn das Kind sich nicht zugehörig fühlt, stellen sich Verlustgefühle, Vereinsamung und das Gefühl des Nichtgeliebtseins ein. Wenn aber Kinder spüren, dass sie einen festen Platz in der Familie haben und man sie schätzt, stehen sie selbstbewusst und offen in der Welt und sind ihrerseits in der Lage, andere zu lieben und anzunehmen.

Es gab Ereignisse in unserer Familie, in denen wir ganz stark empfanden: Wir gehören zusammen. Die Nacht zum Beispiel, als wir beinahe mitsamt unserem Zelt von einem wilden Sturm davongeweht worden waren. Oder die frühen Morgenstunden, als wir am

Strand nach Haifischzähnen suchten. Oder die Nächte, als wir im Freien übernachteten und uns Geschichten erzählten. Oder wenn wir zusammen Ball spielten, gemeinsam den Rasen mähten oder ein Zimmer renovierten. Besonders stark war das Gefühl zusammenzugehören, wenn wir miteinander an einer Sache arbeiteten, wenn wir auf eine Reise gingen oder wenn wir morgens, bevor alle das Haus verließen, noch miteinander beteten. Das Zusammengehörigkeitsgefühl stellte sich ein, wenn in einem Brief oder einem Anruf zum Ausdruck kam: „Wir mögen dich. Du gehörst zu uns."

Es kann vorkommen, dass wir so begeistert sind von unserer Familie und unserem Zusammengehörigkeitsgefühl, dass wir viel zu komplizierte und aufwendige Dinge planen. Besser ist es aber, nicht zu viel auszuprobieren, sondern ganz einfach die Gelegenheiten zu nutzen, die sich in jeder Familie zwanglos bieten.

Zum Beispiel würde ich mir bei den Mahlzeiten mehr Zeit dafür nehmen, mich mit meiner Familie über die Erlebnisse und Geschehnisse des Tages auszutauschen. Es hat schon seinen Grund, dass in den Büchern vieler Autoren so manche Szene bei Tisch spielt. Aber wie oft kommt es vor, dass bei den gemeinsamen Mahlzeiten – eigentlich gedacht als Zeiten der Entspannung und des Auftankens – das Essen nur hastig heruntergeschlungen wird. Dabei sind es gerade die gemeinsam eingenommenen Mahlzeiten, bei denen sich ein starkes Gefühl der Zusammengehörigkeit entwickeln könnte.

Ich würde die Zeit, in der die Kinder zu Bett gebracht werden, als eine der schönsten des ganzen Tages gestalten

Um mein Ziel zu verwirklichen, würde ich die Zeit, in der die Kinder zu Bett gebracht werden, als eine der schönsten des ganzen Tages gestalten. Andernfalls kann sich gerade diese Zeit als sehr stressig herausstellen, weil sowohl Eltern als auch die Kinder müde und abgespannt sind.

Auf die Frage: „Woran merkst du, dass du zu deiner Familie gehörst?“ antwortete ein Kindergartenkind: „Meine Mutter deckt mich abends im Bett zu und gibt nur einen Kuss.“

Ein größerer Junge sagte: „Als ich klein war, war es für mich das Allerschönste, wenn meine Mutter uns vor dem Schlafengehen noch eine Geschichte vorgelesen hat.“ Mir tun alle Kinder leid, deren Eltern sie lieblos und voller Hast und manchmal noch unter Androhung von Prügel abends ins Bett treiben. Gerade diese letzten Minuten am Ende eines Tages wären eine günstige Gelegenheit, ein Gefühl von Liebe und innerer Verbundenheit zu schaffen.

Ich würde alles versuchen, unsere freie Zeit so zu planen, dass alle das Gefühl haben: Wir gehören zusammen. Manchmal besteht die Gefahr, dass jedes Familienmitglied in der freien Zeit seine eigenen Pläne hat und sich beispielsweise mit anderen außerhalb der Familie zu Unternehmungen verabredet. Ich würde daher Aktivitäten innerhalb der Familie fördern und attraktiv gestalten: miteinander Spiele machen oder gemeinsam eine Sache in Angriff nehmen.

Kinder sind sofort dabei, wenn es darum geht, miteinander zu spielen. Wer da oft noch eine Extraaufmunterung braucht, ist vielleicht ein Elternteil. Wie die freie Zeit in einer Familie genutzt wird, entscheidet ganz wesentlich darüber, ob ein starkes Gefühl der Zusammengehörigkeit wachsen kann. Dabei geht es ja nicht nur darum, miteinander Spaß zu haben; diese Stunden sind auch dazu angetan, ganz nebenbei wichtige Dinge für das Leben zu lernen: Fairness, Kameradschaft, Rücksichtnahme, Respekt und Wertschätzung dem anderen gegenüber.

Geburtstagsfeiern sind eine gute Gelegenheit, den Kindern ein Gefühl der Zugehörigkeit zur Familie zu vermitteln, wenn die Person des Kindes im Vordergrund steht und nicht das Geschenk. Das Kind, das in seinen Gefühlen ernstgenommen wird und dessen Meinung zählt, ist in der Lage, ein Gefühl des Dazugehörens zu entwickeln.

Und dieses Gefühl wächst in dem Maße, wie Kinder in die glücklichen und weniger glücklichen Ereignisse in der Familie einbezogen werden. Wenn Familienmitglieder über wichtige Dinge miteinander diskutieren können und gemeinsam Entscheidungen treffen, hat jeder das Gefühl: Wir sind eine Einheit.

Ich würde heute meine Kinder viel mehr in die Arbeit in der Familie und in wichtige Entscheidungen mit einbeziehen. Jemand sagte einmal, dass selbst kleine Kinder schon in der Lage sind, Dinge für andere zu tun. Er führte dazu aus: „Diese kleinen Dinge bedeuten für sie: mit dabei sein, dazugehören, gebraucht werden, wichtig sein für den Rest der Familie. Auch wenn sich Kinder oftmals über Pflichten beschweren: Wenn man ihnen Aufgaben und Verantwortung überträgt – ganz gleich, wie klein diese auch ausfallen mögen –, fühlen sie sich sicher und dazugehörig. Kinder dagegen, die nicht in Aufgaben der Familie mit einbezogen werden, fühlen sich verloren und außen vor.“

In der Erziehung ist nichts so entscheidend, wie Kindern durch Wort und Tat immer wieder zu versichern, dass sie wichtig sind, dass man sie liebt und dass sie einen unaustauschbaren Platz in der Familie haben.

Kinder, die ihren festen Platz in der Familie haben, verfügen über eine Sicherheit, wie sie wohl kaum auf anderem Wege erworben werden kann. Sie entwickeln eine innere Stabilität, die ihnen die Kraft gibt, nicht alles mitzumachen, was „man" oder die Gruppe tut. Das Gefühl, in der Familie geliebt und geschätzt zu sein, kann darüber hinaus dazu verhelfen, dass man sich auch von Gott geliebt und wertgeschätzt weiß.

10 ICH WÜRDE MEINEN GLAUBEN STÄRKER EINBEZIEHEN

Wenn ich heute mit meiner Familie beginnen würde, würde ich meine Kinder mehr von meiner Beziehung zu Gott spüren lassen. Ich würde die alltäglichen und auch die besonderen Vorkommnisse zum Anlass nehmen, auf Gott und seine Liebe zu uns hinzuweisen. Diesen tiefen Wunsch habe ich an das Ende des Buches gesetzt, wobei auch die vorigen Kapitel schon davon durchdrungen waren. Der schottische Erzähler George MacDonald (1824–1905) schrieb einmal an seine Frau:

„Mein Liebling, wenn ich Gott mehr liebe, dann liebe ich dich gleichzeitig so, wie du es brauchst.“ Man könnte ergänzen: Je mehr jemand Gott liebt, desto mehr ist er in der Lage, jedes Mitglied seiner Familie so zu lieben, wie es der Betreffende nötig hat. Ganzheitlichkeit in seiner Persönlichkeit kann nur der haben, der die Beziehung zu Gott nicht aus seinem Leben ausklammert. Unser Leben ist unauflöslich mit dem Gott verbunden, der uns geschaffen hat und der sich seinerseits nach einer Beziehung zu uns sehnt. Wenn wir in dem Wissen, dass Gott uns liebt und sich um uns kümmert, zur Ruhe gekommen sind, können wir dem Leben furchtlos gegenübertreten und die Aufgaben anpacken, die uns aufgetragen sind.

Albert D. Beaver berichtete in seinem Buch *The Fine Art of Living Together*, dass er an 750 von ihm getraute Paare einen Fragebogen verschickt hatte, in dem u. a. die Frage zu beantworten war: „Was hat Ihrer Meinung nach am meisten dazu beigetragen, dass es in Ihrer Familie harmonisch zuging?" Die meisten antworteten: „Es war der Glaube, den wir täglich zu Hause erlebten."

Ich würde heute viel mehr als früher im täglichen Miteinander meinen Kindern von meiner Beziehung zu Gott erzählen, damit sie etwas von seinem Wesen und seinen Plänen kennenlernen. Dazu würde ich allerdings eher die zufälligen und sich spontan ergebenden Gelegenheiten nutzen, als feste Gesprächszeiten dafür einzuplanen. Ich würde weniger Wert darauf legen, theologische Diskussionen zu führen oder die Mitglieder meiner Familie zu einer täglichen Andacht mit starren Regeln zu verpflichten. Statt dessen würde ich ganz zwanglos im Tagesablauf Dinge meines Glaubens einfließen lassen. Ich würde dem, was meine Kinder bewegt, und ihren Fragen mehr Aufmerksamkeit zollen, was mir auf ganz natürliche Weise die Möglichkeit gäbe, über Gott und den Glauben zu reden.

Ein bekannter Lehrer in England wurde einmal gefragt: „Wann unterrichten Sie Religion?“ Worauf er antwortete: „Ich unterrichte es praktisch den ganzen Tag lang. In Mathematik geht es um Genauigkeit; bei Fremdsprachen darum, zu sagen, was man meint; in Geschichte geht es um Menschlichkeit; in Geographie um Großzügigkeit und Weite des Denkens; in Werken um Sorgfalt und Genauigkeit; in der Astronomie ist Ehrfurcht gefragt; auf dem Schulhof faires Verhalten. Wir bringen unseren Schülern den Glauben nahe, indem wir höflich zu den Bediensteten sind, auf gute Art und Weise miteinander umgehen sowie ehrlich und aufrichtig sind."

„Sprechen Sie mit Ihren Schülern auch über den Glauben?" wollte der Interviewer wissen.

„Eher sporadisch", entgegnete der Lehrer. „Gerade eben so viel, dass ihnen klar wird, um was es geht."

Um meinen Kindern den Glauben näherzubringen, würde ich meine Schritte den ihren anpassen. Ich würde beispielsweise mit ihnen an einem Fluss entlangschlendern, ein paar Blumen pflücken und in den Wundern der Natur viel bewusster den großen Schöpfer wahrnehmen. Mir ist heute klar, welch rasche Auffassungsgabe Kinder für die uns umgebenden Wunder haben. Ich würde in den Sommermonaten öfter mit meiner Familie in Schlafsäcken im Freien übernachten. Wir würden die Sterne über uns beobachten und den Geräuschen der Nacht lauschen, dem Wispern des Windes in den Bäumen und den Lauten von allerhand Getier in der Dunkelheit. Ich würde meinen

Kindern Regale bauen, auf denen sie ihre Steinsammlungen und sonstige Schätze ausstellen könnten.

Ich würde mich bemühen, meinen Kindern Gott durch die Begriffe von Liebe, Hilfsbereitschaft, Güte und Erbarmen nahezubringen und ihn als den Geber aller guten Gaben zu zeigen. Auf keinen Fall würde ich, wie es manche Eltern tun, Gott als den strengen Richter darstellen, der uns ständig kontrolliert und unser Fehlverhalten bestraft.

Ein vierjähriger Junge spielte im Wohnzimmer mit den Puppen seiner Schwester. Seine Mutter lag auf dem Sofa und wollte ein Mittagsschläfchen machen. Sie glaubte ihren Ohren nicht zu trauen, als sie ihren Sohn mit Donnerstimme zu den Puppen sagen hörte: „Ich bin Gott! Ihr müsst jetzt niederknien und euer Gebet aufsagen!“ (Was die Puppen allerdings nicht taten.) „Wenn ihr euch jetzt nicht hinkniet und betet, schmeiße ich euch um!“ fügte der kleine Geselle resolut hinzu. Dann gab es einen Knall, und alle Puppen purzelten auf den Fußboden. Woher hatte das Kind diese Vorstellung von Gott?

Um meine Beziehung zu Gott für meine Kinder transparenter werden zu lassen, würde ich mit ihnen ab und zu einen wundervollen Sonnenuntergang beobachten. Ich würde mit ihnen darüber sprechen, wie Gott die Dämmerung leise über das Land fallen lässt, während im Westen am Horizont ein Abendrot aus herrlichen Gold- und Rottönen aufleuchtet. Ich würde mir mit ihnen die Blätter an den Bäumen anschauen, die in der abendlichen Kühle aussehen, als hätte man sie in Eiswasser getaucht. Ich würde mit ihnen den Sternenhimmel bewundern und die Nacht, in der gleichsam die Welt wieder neu erschaffen wird für den kommenden Tag.

Ich würde mit ihnen über den Gott reden, der das Universum und die Sonne geschaffen hat, die unserer Erde Wärme und Licht spendet. Ich würde mit ihnen die Schmetterlinge beobachten, die sich auf der lila Blüte einer Distel niedergelassen haben.

Dann würden wir die mit Flechten überzogenen Felsen näher in Augenschein nehmen, und wir würden auf den Gesang der Vögel lauschen. Wir würden miteinander darüber nachdenken, wie Gott es den Vögeln klargemacht hat, die Nester für ihre Jungen auszupolstern, damit die zerbrechlichen Vogeleier, die man kaum in Watte transportieren kann, dort geschützt liegen, bis die Kleinen geschlüpft sind.

Ich bin davon überzeugt, dass Kinder, die ein Bewusstsein für die Schöpfung Gottes entwickeln, später besser mit dem Leben klarkommen

Wir würden miteinander das Meer betrachten und uns von der Schönheit frisch gefallenen Schnees bezaubern lassen. Wir würden im Frühling die Wunder der Natur betrachten, wenn der Samen in der Erde zum Leben erwacht, gerade zur rechten Zeit, auch wenn es noch kalt ist. Wir würden über Säen, Pflanzen und Ernten sprechen und darüber, dass Gott in gleicher Weise für unsere Seele wie für unser körperliches Wohlergehen sorgt.

Auf vielerlei Art und Weise würde ich die Wunder der Schöpfung zum Anlass nehmen, auf Gottes unendliche Liebe und Fürsorge hinzuweisen. Denn ich bin davon überzeugt, dass Kinder, die schon in jungen Jahren ein Bewusstsein für die Schöpfung Gottes entwickeln, später besser mit dem Leben klarkommen.

Oh ja, ich würde auch mit meinen Kindern zusammen in der Bibel lesen. Aber ich würde versuchen, dabei den Bezug zu ihrem Leben herzustellen. Auch würde ich mit ihnen Bücher lesen, die von Gottes Güte und Treue handeln. Ich würde meine Kinder darauf hinweisen, was Gott im Leben anderer Menschen getan hat. Wir würden mit Gott wie mit einem Freund sprechen und uns in seiner Güte wohlfühlen. Auf keinen Fall würde ich Gott ins Spiel bringen, wenn ich selbst mit meinen Kindern nicht klarkäme, und ich würde ihnen niemals drohen: „Wenn ihr das tut, hat Gott euch nicht mehr lieb!“

Ich würde mich bemühen, jeden Tag eine Begebenheit zu erzählen, wie Gott mich oder andere geführt hat und wie er uns auf vielfältige Weise erlöst und befreit. Ich würde nicht versuchen, auf jede Frage über Gott und den Glauben eine Antwort zu finden. Statt dessen würde ich meine Kinder wissen lassen, dass Gott so groß und wunderbar ist, dass selbst der Gelehrteste ihn nicht in allem begreifen kann.

Mir ist heute bewusst: Meinen Kindern den Weg zu Gott zu ebnen, setzt mehr voraus, als ihnen lediglich ein paar biblische Geschichten zu erzählen oder ein Gebet mit ihnen zu sprechen.

Ein kleiner Junge fürchtete sich in der Nacht vor dem Gewitter. Er jammerte: „Papa, komm! Ich habe Angst!"

„Kind", entgegnete der Vater. „Gott liebt dich, er passt doch auf dich auf."

„Das weiß ich ja", meinte der Kleine, „aber es soll jetzt jemand bei mir sein, den ich sehen kann!"

Genau das ist es, was ich sein möchte, wenn ich noch einmal mit meiner Familie beginnen könnte: die Person, in der mein Kind die Liebe Gottes sichtbar und greifbar vor sich hat. Denn wenn Kinder Gottes Liebe, Güte und Fürsorge nicht in ihren Familien erleben, haben sie es später sehr schwer, sie an anderer Stelle in ihrem Leben zu erfahren.